WHO IS KAMALA HARRIS?
by Kirsten Anderson, Manuel Gutierrez (Illustrator).

This edition published by arrangement with Penguin Workshop,
an imprint of Penguin Young Readers Group, a division of Penguin Random House LLC,
through Japan UNI Agency, Inc., Tokyo

ロイター / アフロ

2024年

女性初《じょせいはつ》、黒人初《はつ》、アジア系初《けいはつ》のアメリカ合衆国副大統領《がっしゅうこくふくだいとうりょう》、カマラ・ハリス。民主党《みんしゅとう》の大統領候補《だいとうりょうこうほ》に指名された後、ペンシルベニア州フィラデルフィアで開かれた選挙《せんきょ》集会で。

1964年

生まれて2か月のカマラと、
母のシャマラ・ゴパラン。

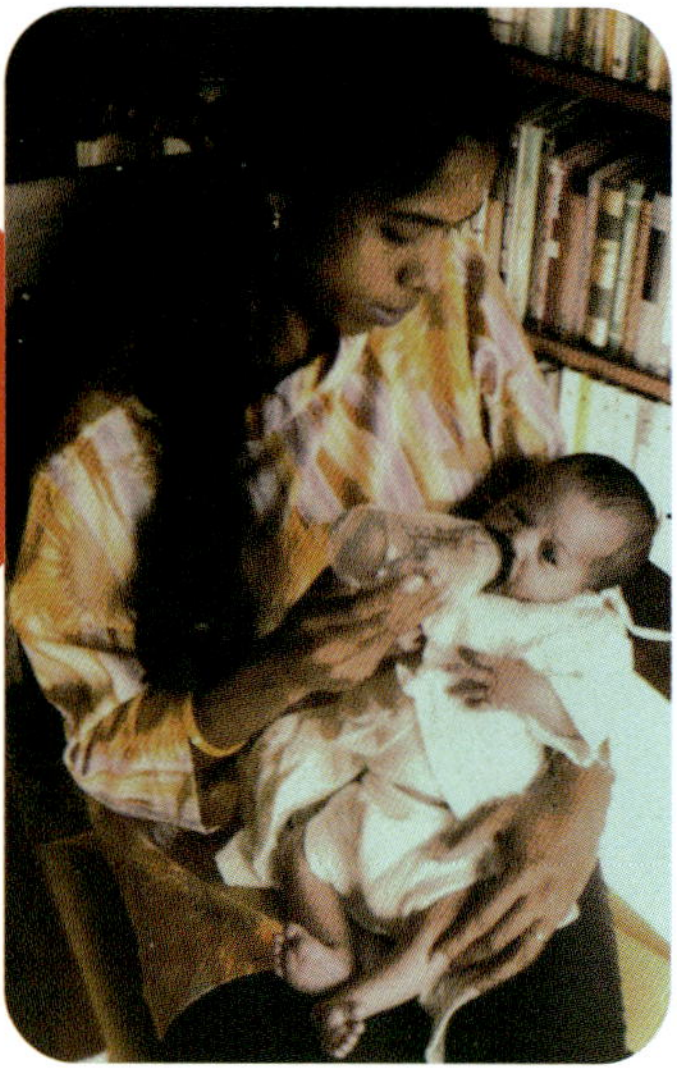

Kamala Harris campaign/Photoshot/ アフロ

1965年

Kamala Harris campaign/Photoshot/ アフロ

9か月のカマラと、
父のドナルド・ハリス。

1968年

Kamala Harris campaign/Photoshot/ アフロ

12月 25日のクリスマス。
4歳《さい》のカマラと2歳《さい》の妹・マヤ。

1982年

アパルトヘイト抗議《こうぎ》活動に
参加《さんか》するカマラ（右）。
ハワード大学１年生。

Kamala Harris campaign/Photoshot/ アフロ

1986年

ハワード大学時代。

Photoshot/ アフロ

2004年

AP/ アフロ

サンフランシスコの地方検事《けんじ》に就任《しゅうにん》し、宣誓《せんせい》を受けるカマラ(右)。中央にいるのは「権《けん》利《り》章典《しょうてん》」のコピーを持っている母のシャマラ。

AP/ アフロ

2011年

講演《こうえん》するカリフォルニア州司《し》法《ほう》長《ちょう》官《かん》のカマラ。

2024年

Abaca/ アフロ

ジョー・バイデン大統領《だいとうりょう》と、民主党《みんしゅとう》大統領《だいとうりょう》候補《こうほ》で副大統領《ふくだいとうりょう》のカマラ。

Kamala Harris

カマラ・ハリス

未《み》来《らい》をあきらめない

カーステン・アンダーソン 著
長尾莉紗 訳

Never giving up on the future

ポプラ社

カマラ・ハリス　未来《みらい》をあきらめない　目次

Never giving up on the future

プロローグ
アメリカ合衆国副大統領《がっしゅうこくふくだいとうりょう》に指名された日

2020年8月11日、アメリカのカリフォルニア州から選出《せんしゅつ》された上院議《じょういんぎ》員《いん》、カマラ・ハリスが、自分のSNS《エスエヌエス》にこう投稿《とうこう》しました。

「今までずっと、政治《せいじ》の世界で黒人や有色人種《ゆうしょくじんしゅ》の女性《じょせい》が重要《じゅうよう》な役職《やくしょく》に選《えら》ばれることは、あまりありませんでした。でも今年の11月、それを変《か》えるチャンスがやってきます。一緒《いっしょ》にがんばりましょう」

3時間後、そのときおこなわれていた大統領選挙《だいとうりょうせんきょ》で、民主党《みんしゅとう》から大統領候《だいとうりょうこう》補《ほ》に選《えら》ばれたジョー・バイデンが、こう投稿《とうこう》しました。

「カマラ・ハリスを、この選挙《せんきょ》の伴走者《ばんそうしゃ》に選《えら》んだとみなさんに発表できることを、とてもうれしく思います。彼女《かのじょ》は弱い立場の人たちを守る、恐《おそ》れ知《し》らずの闘士《とうし》であり、この国で最《もっと》も優秀《ゆうしゅう》な政治家《せいじか》の一人です」

カマラ・ハリスは、民主党《みんしゅとう》の副大統領候補《ふくだいとうりょうこうほ》に指名されたのです。

そして、そのチャンスを生かし、まさに自分がSNS《エスエヌエス》で語った変化《へんか》を起こそうとしていました。

カマラが選《えら》ばれたことには、いくつも理由がありました。

彼女《かのじょ》は経験豊《けいけんゆた》かな政治家《せいじか》でした。出身地のカリフォルニアでは何度も選挙《せんきょ》に立候補《りっこうほ》して勝ったことがあり、選挙《せんきょ》運動のやり方をよくわかっていました。

また、アメリカが抱《かか》える多くの問題について、ジョー・バイデンの考え方に賛成《さんせい》していました。

それでも、バイデンがカマラを選《えら》んだのは、みんなを驚《おどろ》かせるような思いきった決定でした。2020年になってもなお、女性《じょせい》には副大統領《ふくだいとうりょう》のようなリーダー的《てき》な役割《やくわり》は務《つと》まらないと考える人たちが大勢《おおぜい》いたからです。

以前《いぜん》にも、ジェラルディン・フェラーロとサラ・ペイリンという2人の女性《じょせい》が副大統領候補《ふくだいとうりょうこうほ》に選《えら》ばれたことがあります。さらに、ヒラリー・クリントンという女性《じょせい》は、大統領候補《だいとうりょうこうほ》に選《えら》ばれました。とはいえ、女性《じょせい》で副大統領以《ふくだいとうりょうい》上《じょう》の候補《こうほ》に名があがったのはカマラで4人めで、しかも、有色人種《ゆうしょくじんしゅ》の女性《じょせい》では一人めでした。

カマラの母親はインド出身で、父親はジャマイカ出身です。アメリカの人たちにとって、彼女《かのじょ》のようなルーツと見た目を持つ人が、国で2番めにえらい政治家《せいじか》の候補《こうほ》になるというのは初《はじ》めてだったのです。

カマラ・ハリスが副大統領候補《ふくだいとうりょうこうほ》に選《えら》ばれたと聞いて、わくわくする人はたくさんいました。女性《じょせい》、特《とく》に有色人種《ゆうしょくじんしゅ》の女性《じょせい》にとって、世の中が変《か》わってきている証《あかし》かもしれない、と。

いっぽう、複雑《ふくざつ》な気持ちを抱《いだ》いた人たちもいました。カマラには、国の医《い》療制度《りょうせいど》や治安《ちあん》の改善《かいぜん》にあまり力を入れなそうだというイメージがあったからです。

自分が人々《ひとびと》にまだあまり信用《しんよう》されていないことを、カマラはわかっていました。でも、それでよかったのです。カマラには「最初《さいしょ》の一人」になった経験《けいけん》が何度もあったからです。

カリフォルニア州で初《はつ》の黒人女性《じょせい》の検事《けんじ》となり、そのあとカリフォルニア州で初《はつ》の黒人女性《じょせい》の司法長官《しほうちょうかん》に選《えら》ばれました。さらに、カリフォルニア州で初《はつ》の黒人女性《じょせい》の上院議員《じょういんぎいん》になったのも彼女《かのじょ》です。

カマラは闘《たたか》うことに慣《な》れていたので、人々《ひとびと》の疑《うたが》いの心と闘《たたか》う覚悟《かくご》ができていました。そして、アメリカ国民《こくみん》のために闘《たたか》う覚悟《かくご》も。

第1章

シャマラと娘《むすめ》たち

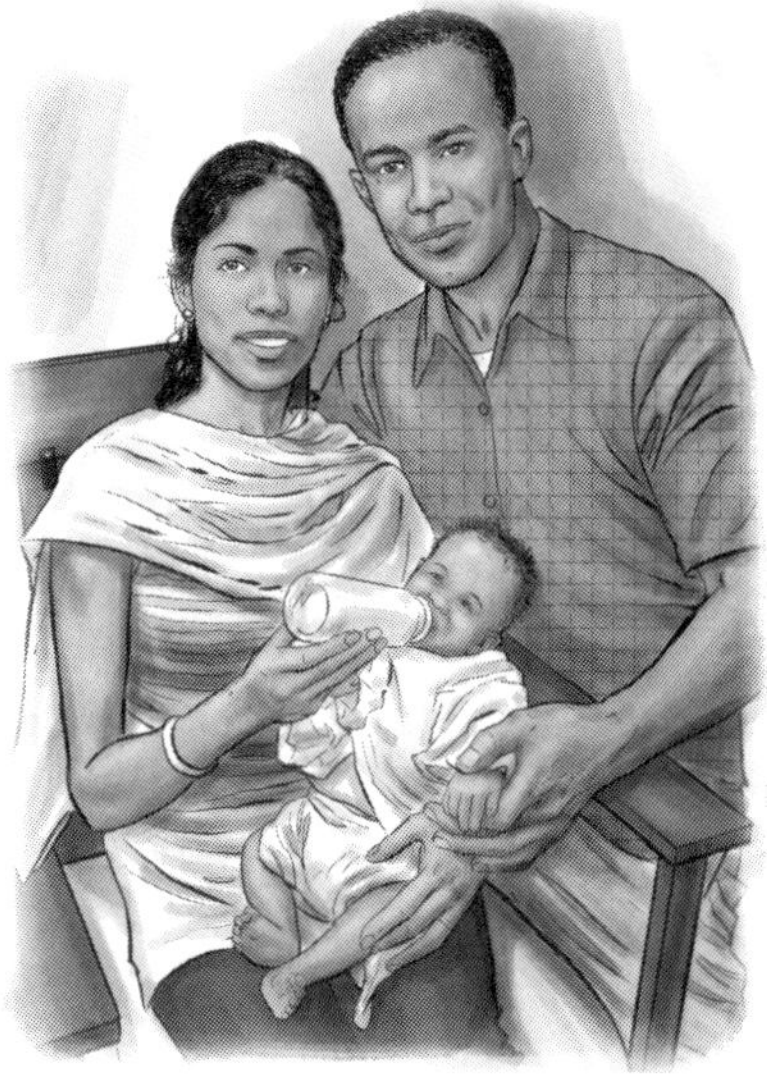

1964年10月20日、カマラ・デヴィ・ハリスはカリフォルニア州オークランドに生まれました。

カマラという名前は、インドの国花《こっか》である「蓮《はす》の花」を意味するとともに、恵《めぐ》みをもたらすインドの女神の別名《べつめい》でもあります。

父親のドナルド・ハリスは、ジャマイカからアメリカに来て、カリフォルニア大学バークレー校で経済学《けいざいがく》を学びました。

母親のシャマラ・ゴパランも、インドからアメリカに渡《わた》って、同じバークレー校で栄養学《えいようがく》と内分泌学《ないぶんぴつがく》を学びました。そして、乳《にゅう》がんの研究者になりました。

2人とも、1960年代に公民権《こうみんけん》運動に参加《さんか》していました。それが出会いのきっかけです。公民権運動《こうみんけんうんどう》というのは、人種差別《じんしゅさべつ》をなくし、すべての市民《しみん》に平等な権利《けんり》を求《もと》める活動のことです。

当時のアメリカでは、ホテルやプール、レストラン、公衆《こうしゅう》トイレ、バスや学校まで、黒人と白人とで分けられていました。そのような状況《じょうきょう》はおかしいと声をあげる人たちの中にカマラの両親もいて、カマラもベビーカーに乗ってデモに参加《さんか》したことを覚《おぼ》えています。

公民権《こうみんけん》運動の仲間《なかま》たちは、家族のように親しい存在《そんざい》になりました。カマラは子どものころから、どうすれば人種差別《じんしゅさべつ》をなくして世界を変《か》えられるかと大人たちが話し合うのを聞いて育ちました。

1967年には、妹のマヤが生まれました。

このころ、一家は幸せに暮《く》らしていました。父も母も音楽が好《す》きで、家にはいつも音楽が流れていました。

しかし、両親の関係《かんけい》はしだいに悪くなり、カマラが5歳《さい》になるころには、夫婦《ふうふ》の仲《なか》は修復《しゅうふく》できないほどぼろぼろになっていました。そして、カマラがまだ7歳《さい》のとき、両親は離婚《りこん》します。

それはカマラにとってもちろんつらいことでしたが、両親が仲《なか》のよかったころを知らないマヤを、カマラはかわいそうに思いました。

父と母は若《わか》すぎたのかもしれない、とカマラはその後、何度も考えました。カマラが生まれたとき、父は26歳《さい》、母は25歳《さい》でした。しかも、母にとって父は初《はじ》めて付《つ》き合《あ》った相手でした。

離婚後《りこんご》も、父親との関係《かんけい》が途切《とぎ》れたわけではありません。週末《しゅうまつ》に会ったり、夏休みには一緒《いっしょ》に出かけたりしました。でも、実際《じっさい》にカマラとマヤを育てたのは母親のシャマラです。母娘《おやこ》3人の絆《きずな》は、とても強いものになりました。

シャマラには、人生の大きな目標《もくひょう》が2つありました。2人の娘《むすめ》をりっぱに育て上げることと、世界から乳《にゅう》がんをなくすことです。

頭がよく、情熱《じょうねつ》があって、タフで、まっすぐな心を持つ母のことを、カマラはとても尊敬《そんけい》していました。母はいつも娘《むすめ》たちの背中《せなか》を押《お》し、努力《どりょく》をすればどんな夢《ゆめ》でも叶《かな》えられるんだと教えました。

母はよく、「最初《さいしょ》の一人になっても、最後《さいご》の一人にはならないで」と言っていました。その言葉には、自分の後に続《つづ》く女性《じょせい》たちの助けになってほしいという願《ねが》いがこめられていました。重要《じゅうよう》な立場に多くの女性《じょせい》がつくようになり、もはや「最初《さいしょ》の」と呼《よ》ばれなくなる未来《みらい》をめざして。

また、アメリカではカマラとマヤが「黒人女性《じょせい》」として見られることを、母はわかっていました。だからこそ、娘《むすめ》たちが自分のアイデンティティに誇《ほこ》りを持つように育てました。

たとえば、オークランドの黒人コミュニティとのつながりをとても大事にしていました。3人は、黒人のパフォーマー、講演者《こうえんしゃ》、思想家などのイベントが開かれていた「レインボー・サイン」という文化センターによく行きました。

ジャマイカにいる父親の家族に会いに行くこともありました。

同時に、シャマラは娘《むすめ》たちがインドの文化やルーツを忘《わす》れないようにもしました。インドの親戚《しんせき》がカリフォルニアに遊びに来ることもあれば、カマラとマヤがインドを訪《おとず》れることもありました。

インドの祖父《そふ》は、かつてインドがイギリスの植民地《しょくみんち》だったころ、その支配《しはい》から独立《どくりつ》するための運動に参加《さんか》し、のちに政府《せいふ》の仕事もしていました。カマラが遊びに行くと、祖父《そふ》はよく友達《ともだち》と政治《せいじ》の話をしていました。

祖母《そぼ》は、農村の女性《じょせい》たちの生活をよくするための活動をしていました。

母シャマラはそんな両親から、人生とは他の人の助けになってこそ大きな意味を持つのだと教わって育ったのです。そして、その教えを娘《むすめ》たちにも伝《つた》えました。

離婚《りこん》からおよそ1年後、シャマラと娘《むすめ》たちは、オークランドの隣《となり》のバークレーという町のアパートに引っこします。そこは労働者《ろうどうしゃ》階級の黒人家庭が多く住むエリアでしたが、カマラはバークレー内のもっと裕福《ゆうふく》な地区にある、サウザンド・オークス小学校にバスで通っていました。

当時のカマラは知りませんでしたが、このころは人種差別撤廃《じんしゅさべつてっぱい》計画が進められていて、このバス通学は政府《せいふ》がおこなっていた政策《せいさく》の一環《いっかん》でした。いろいろな人種《じんしゅ》や社会階級の子どもたちを、同じ学校で一緒《いっしょ》に学ばせようという政策《せいさく》です。ですから、カマラの学校にはさまざまなバックグラウンドを持つ生徒《せいと》たちがいました。おかげでカマラは、この政策《せいさく》がなければ出会わなかったかもしれない子たちと知り合うことができました。

学校が終わると、カマラとマヤはよく近所の家に行って、母親が研究所の仕事から帰ってくるのを待っていました。

カマラはピアノを習い、ダンス教室にも通いました。

母のシャマラが帰ってくると、楽しいひとときの始まりです。シャマラは料理《りょうり》が大好《だいす》きで、夕食はいろいろなレシピに挑戦《ちょうせん》しました。

いそがしいシングルマザー家庭で、3人がそろってすることが一番多かったのは、料理《りょうり》をすることと食べることです。おしゃべりもいつもキッチンでしていました。母は前の晩《ばん》の残《のこ》り物《もの》さえも、みんなで楽しく食べる工夫《くふう》をしました。そんな母のおかげで、カマラも料理《りょうり》がとても得意《とくい》になりました。

カマラが12歳《さい》のとき、母シャマラに大きな仕事のオファーが舞《ま》いこみます。それは、カナダのモントリオールでの仕事でした。

カマラは、友達《ともだち》がたくさんいる地元を離《はな》れたくありませんでした。でも、乳《にゅう》がんを世界からなくしたいと研究にはげんでいた母にとっては、逃《のが》せないチャンスでした。そうして、家族で冬用のコートやブーツ、手袋《てぶくろ》を買い、バークレーよりもずっと寒いカナダのモントリオールへと旅立ちます。

モントリオールでは、多くの人がフランス語を話します。カマラとマヤはフランス語を使う学校に通いましたが、英語《えいご》しかわからないカマラは苦労《くろう》しました。新しい国に引っこしてくるだけでも大変《たいへん》なのに、新しい言葉を学びながらその土地になじむのは、とても難《むずか》しいことでした。

そしてまた、別《べつ》の問題もありました。新しく住んだアパートのルールです。そのアパートの芝生《しばふ》では、サッカーが禁止《きんし》されていました。そんなのひどい、とカマラとマヤは思いました。そこで2人は他の子どもたちを集めて、アパートの前でデモをしました。すると、それが大家さんの心を動かし、アパートのルールが変《か》わって、サッカーができるようになりました。抗議《こうぎ》運動が成功《せいこう》したのです。

フランス語の学校生活に苦労《くろう》していたカマラは、母を説得《せっとく》し、引っこしてきて1年も経《た》たないうちに芸術《げいじゅつ》学校に転校しました。そこでは一般《いっぱん》教科を学びながら、バイオリン、フレンチホルン、ティンパニなどの楽器《がっき》も習い、最《さい》初《しょ》の学校よりずっと楽しい生活が送れました。

高校生になるとモントリオールの生活にもだいぶ慣《な》れて、カマラは「スーパー・シックス」という女子ダンスチームに入ります。

それでも、母国に帰りたいという気持ちが消えることはなく、大学へ進むころにはアメリカにもどる準備《じゅんび》ができていました。

両親や祖父母《そふぼ》を見てきたカマラは、自分もやりがいのある働《はたら》き方《かた》をしたいといつも思っていました。だからこそ、大学選《えら》びは真剣《しんけん》になりました。そして決めたのは、尊敬《そんけい》する法律家《ほうりつか》、サーグッド・マーシャル*の出身校でした。


*サーグッド・マーシャル…1908年－1993年。アメリカ合衆国《がっしゅうこく》の法律家《ほうりつか》。黒人として初《はじ》めてアメリカの連邦最高裁判所判事《れんぽうさいこうさいばんしょはんじ》になった人物。

第2章
人々《ひとびと》のために

1981年に高校を卒業《そつぎょう》すると、カマラは「黒人のハーバード」とも呼《よ》ばれる名門校、ワシントンD《ディー》.C《シー》.にあるハワード大学に入学します。

ハワード大学は、H《エイチ》B《ビー》C《シー》U《ユー》（歴史的《れきしてき》黒人大学／Historically Black Colleges and Universities）の一つです。カマラはすぐにこの大学が大好《だいす》きになりました。優秀《ゆうしゅう》で個性《こせい》にあふれたたくさんの有色人種《ゆうしょくじんしゅ》の学生と過《す》ごす毎日は、とても刺激的《しげきてき》でした。

1年目からカマラはやる気にあふれていました。生まれて初《はじ》めて選挙《せんきょ》というものに立候補《りっこうほ》し、学生自治会《じちかい》の1年生代表の座《ざ》を勝ちとりました。学生自《じ》治会《ちかい》とは、学校のイベントや活動を計画したり、学生の学校生活をよりよくするためにルールや設備《せつび》などについて話し合って、学校に意見を提出《ていしゅつ》したりする組織《そしき》です。

ディベートチームにも入り、政治経済《せいじけいざい》や社会問題などをテーマに討論《とうろん》をかさね、腕《うで》を磨《みが》きました。また、「アルファ・カッパ・アルファ」という女子学生クラブにも入りました。クラブではたくさんの女友達《ともだち》ができ、一緒《いっしょ》におしゃれな格好《かっこう》でキャンパス内を歩きました。

大学時代には、勉強と並行《へいこう》していろいろな仕事も経験《けいけん》しました。連邦取引委員会《れんぽうとりひきいいんかい》や、上院議員《じょういんぎいん》の事務所《じむしょ》でインターン（学生が在学中《ざいがくちゅう》に企業《きぎょう》などで仕事を経験《けいけん》するプログラム）をし、社会を動かす活動に関《かか》われることに喜《よろこ》びを感じました。

HBCU《エイチビーシーユー》（歴史的《れきしてき》黒人大学）とは

アメリカにはかつて、奴隷制度《どれいせいど》がありました。1800年代前半まで、アフリカ大《たい》陸《りく》から連《つ》れてこられた黒人が、労働力《ろうどうりょく》として売買されていたのです。その時代に、黒人の学生を受け入れる大学はほとんどありませんでした。

最初《さいしょ》のHBCU《エイチビーシーユー》は、1837年にペンシルベニア州に設立《せつりつ》されたアフリカン・インスティテュート（現《げん》チェイニー大学）です。

その後、1861年にアメリカ合衆国大統領《がっしゅうこくだいとうりょう》になったリンカンが奴隷制度《どれいせいど》の廃止《はいし》を宣言《せんげん》。これに賛成《さんせい》する人たちと反発する人たちとの間で、アメリカ南北戦争《なんぼくせんそう》が起こります。戦争《せんそう》は奴隷制度廃止《どれいせいどはいし》に賛成《さんせい》する北軍《ほくぐん》の勝利《しょうり》に終わり、平等な社会への歩みが始まります。そのような流れのなかで、南北戦争《なんぼくせんそう》後に多くのＨＢＣＵ《エイチビーシーユー》が建《た》てられました。ハワード大学、モアハウス大学、ハンプトン大学、タスキギー大学などがその例《れい》です。現在《げんざい》、アメリカには１００以上《いじょう》のＨＢＣＵ《エイチビーシーユー》があります。

１９６５年に成立《せいりつ》した高等教育法《こうとうきょういくほう》で、何をＨＢＣＵ《エイチビーシーユー》とするかが具体的《ぐたいてき》に定められました。それによると、ＨＢＣＵ《エイチビーシーユー》とは「１９６４年以前《いぜん》に設立《せつりつ》され、かつても今も黒人の教育を主な目的《もくてき》としている、歴史的《れきしてき》な黒人大学」です。

主な目的《もくてき》は黒人学生に教育を提供《ていきょう》することですが、どんな人種《じんしゅ》や民族《みんぞく》の学生でも入学できます。

ハワード大学

1986年、カマラはハワード大学を卒業《そつぎょう》し、政治学《せいじがく》と経済学《けいざいがく》の学位《がくい》を取ります。その後は法律《ほうりつ》の専門家《せんもんか》になることをめざし、サンフランシスコにあるカリフォルニア大学ヘイスティングス法科《ほうか》大学院に通い始めました。子どものころに住んでいた、バークレーに近い場所です。

法律《ほうりつ》に対する興味《きょうみ》は、大学に入る前からありました。どうしたら公平《こうへい》な社会を実現《じつげん》できるだろう、と考えたときに、重要《じゅうよう》な手段《しゅだん》となるのが法律《ほうりつ》だと思ったからです。

公民権《こうみんけん》運動のリーダーたちのなかには、法律家《ほうりつか》もいました。さらに、家族ぐるみで親しくしていた人のなかに弁護士《べんごし》がいて、何かあったときにはみんながその人を頼《たよ》るのを見ていました。

カマラはヘイスティングス法科《ほうか》大学院で学ぶうちに、検察官《けんさつかん》になって地方《ちほう》検事局《けんじきょく》で働《はたら》きたいと思うようになります。

検察官《けんさつかん》の仕事は、逮捕《たいほ》された人がどんな罪《つみ》を犯《おか》したのかを判断《はんだん》し、それを裁判《さいばん》で証明《しょうめい》することです。たいてい市や州の政府《せいふ》に所属《しょぞく》して働《はたら》きます。各地域《かくちいき》の一番えらい検察官《けんさつかん》は「地方検事《ちほうけんじ》」と呼《よ》ばれ、ほとんどの地域《ちいき》では住民《じゅうみん》たちによって選挙《せんきょ》で選《えら》ばれます。

カマラが検察官《けんさつかん》になると決めたとき、家族や友達《ともだち》の多くは喜《よろこ》びませんでした。なぜなら、有色人種《ゆうしょくじんしゅ》に対して不公平《ふこうへい》に厳《きび》しい検察官《けんさつかん》も多いと感じていたからです。

正義《せいぎ》のために尽《つ》くそうとするよりも、さっさと事件《じけん》を終わらせてしまいたい検察官《けんさつかん》によって、無実《むじつ》の有色人種《ゆうしょくじんしゅ》の人たちが刑務所《けいむしょ》に入れられることもありました。そんなところで有色人種《ゆうしょくじんしゅ》のカマラが働《はたら》けば、苦労《くろう》することは目に見えています。

カマラもそんな裁判制度《さいばんせいど》に対して、つねづね疑問《ぎもん》を持っていました。でも、だからこそ、自分がそのしくみに関《かか》わって変《か》えたいと思ったのです。そうすれば、有色人種《ゆうしょくじんしゅ》の人たちの生活をもっとよくできるはずだと。

１９８９年に法科《ほうか》大学院を卒業《そつぎょう》すると、カマラはオークランドがあるアラメダ郡《ぐん》の地方検事局《ちほうけんじきょく》で働《はたら》くことになりました。

検察官《けんさつかん》になるためには、司法試験《しほうしけん》というテストを受けなければなりません。法律《ほうりつ》の専門家《せんもんか》になりたい人は、みんなこの難《むずか》しいテストに合格《ごうかく》する必要《ひつよう》があります。もちろん、カマラも受験《じゅけん》しました。結果《けっか》がわかるまでにはたいてい数か月かかります。

カマラはすでに検事局《けんじきょく》で働《はたら》き始めていましたが、ある日、思いがけない知らせを受け取ります。なんと、司法試験《しほうしけん》に落ちてしまったのです。

カマラにとってそれは、受け入れがたいほどショックな出来事でした。努力家《どりょくか》で完璧主義《かんぺきしゅぎ》なはずの自分が、これほど大切な試験《しけん》の準備《じゅんび》をおろそかにしてしまったのだ、とひどくみじめな気持ちになりました。

仕事はそのまま続《つづ》けましたが、裁判所《さいばんしょ》で自分の案件《あんけん》を担当《たんとう》することができないまま日々《ひび》が過《す》ぎました。

でも、1990年2月にもう一度試験《しけん》を受けて、今度は合格《ごうかく》しました。

カマラはほっとすると同時に、やっと自分のキャリアをスタートできることにわくわくしました。

そして、ついに裁判所《さいばんしょ》で事件《じけん》を担当《たんとう》できるようになった日。カマラは検察官《けんさつかん》としてこう自己紹介《じこしょうかい》をしました。

「カマラ・ハリス、人々《ひとびと》のために（Kamala Harris, for the people）」

この後、事件《じけん》を担当《たんとう》するときには必《かなら》ず、カマラはこの言葉から始めるようになります。自分が地域《ちいき》の人々《ひとびと》を代表しているということを、いつでも忘《わす》れないように。

1998年、カマラは異動《いどう》を命じられて、サンフランシスコ地方検事局《ちほうけんじきょく》で働《はたら》くことになります。アメリカでも特《とく》に大きな都市、サンフランシスコでの重要《じゅうよう》な仕事でした。しかし、カマラが入ったとき、事務所《じむしょ》はひどいありさまでした。

パソコンは数が足りず、ファイルもきちんと管理《かんり》されていませんでした。裁判《さいばん》にすら持ちこまれていない事件《じけん》もありました。さらには、はっきりした理由もなく、10人以上《いじょう》の検察官《けんさつかん》がとつぜん解雇《かいこ》されるという出来事もありました。

検事局《けんじきょく》のトップである当時の地方検事《ちほうけんじ》は、検察官《けんさつかん》の理想像《りそうぞう》からはほど遠い人物でした。

1年半後、カマラはサンフランシスコ地方検事局《ちほうけんじきょく》を辞《や》めます。その後は、サンフランシスコ市検事局《しけんじきょく》での仕事につきました。

サンフランシスコには地方検事局《ちほうけんじきょく》と市検事局《しけんじきょく》があり、前者は主に警察《けいさつ》が調査《ちょうさ》に関《かか》わる事件《じけん》や犯罪《はんざい》などの刑事訴訟《けいじそしょう》をあつかいます。後者は、主にお金や人間関係《かんけい》のトラブルなどの民事訴訟《みんじそしょう》をあつかいます。

市検事局《しけんじきょく》でカマラは、市検事《しけんじ》から打診《だしん》されて、虐待《ぎゃくたい》を受けた若者《わかもの》を助けるためのプログラムに取り組むことになります。

そんななか、2003年に当時のサンフランシスコ地方検事《ちほうけんじ》が再選《さいせん》をめざす選挙《せんきょ》が始まりました。かつてカマラが苦労《くろう》させられた組織《そしき》のトップです。

アメリカの地方検事《ちほうけんじ》は、4年ごとに選挙《せんきょ》で選《えら》ばれます。カマラは、サンフランシスコ地方検事局《ちほうけんじきょく》の運営《うんえい》は改善《かいぜん》されるべきだと強く感じていました。

このまま再選《さいせん》を見過《みす》ごすわけにはいかない。今こそ、自分がリーダーになろう。そう考えたカマラは、現地方検事《げんちほうけんじ》の対抗馬《たいこうば》としてその選挙《せんきょ》に出ることを決意します。

2人とも民主党員《みんしゅとういん》でしたが、現地方検事《げんちほうけんじ》はすでにとても有名で、カマラに知名度はありませんでした。

第3章 初《はじ》めての選《せん》挙《きょ》

カマラはサンフランシスコのベイビューという地域《ちいき》に選挙《せんきょ》運動の拠点《きょてん》を置《お》きました。そこは貧《まず》しくさびれた地域《ちいき》で、仕事が少なく、建物《たてもの》も古くて壊《こわ》れかけていました。

選挙《せんきょ》の専門家《せんもんか》たちは、そんな「治安《ちあん》が悪い地域《ちいき》」で選挙《せんきょ》運動を応援《おうえん》してくれるボランティアを集めるのは無理《むり》だと言いました。それでもカマラは、その場所を選《えら》びました。自分が地方検事《ちほうけんじ》に選《えら》ばれたら、すべての人のために働《はたら》く。そのメッセージを伝《つた》えたかったのです。

「すべての人」には、ベイビューのような地域《ちいき》に住む貧《まず》しい人たち、そんな軽視《けいし》されがちな人たちも含《ふく》まれていました。

選挙《せんきょ》の専門家《せんもんか》たちの予想は外れました。街《まち》のあちこちから、そして少し離《はな》

れた裕福《ゆうふく》な地域《ちいき》からも、たくさんの人がベイビューに来て、カマラの選挙運《せんきょ》
動を手伝《てつだ》ってくれたのです。
選挙《せんきょ》運動を始めたばかりのころ、カマラの知名度を世論調査《よろんちょうさ》で調べたところ、数字は6%でした。カマラには大きい数字に思えました。サンフランシスコで100人に6人が自分を知ってくれているのですから。
でも、カマラはできるだけ多くの人に会って、もっと自分のことを知ってもらおうと思いました。だから、スーパーの前など人がたくさん集まる場所に立ち、買い物客と話したり、自分の公約《こうやく》について書いた資料《しりょう》を配ったりしました。机《つくえ》の代わりにアイロン台を置《お》いて、その上に資料《しりょう》を広げることもありました。立って作業をするのにちょうどいい高さだと思ったのです。おま

けに、そんな使い方はめずらしいので注目も集めました。

カマラの人気はぐんぐん上がりました。候補者《こうほしゃ》が複数《ふくすう》いたので、選挙《せんきょ》は決《けっ》選投票《せんとうひょう》に持ちこまれ、カマラはその決選投票《けっせんとうひょう》に残《のこ》りました。

それから5週間後の決選投票日《けっせんとうひょうび》、カマラは雨のなかバス停《てい》に立って、人々《ひとびと》と握手《あくしゅ》をしつづけました。そして、カマラは見事選挙《せんきょ》に勝ったのです。

2004年1月8日、女性《じょせい》として初《はつ》の、そして有色人種《ゆうしょくじんしゅ》として初《はつ》の、サンフランシスコ地方検事《ちほうけんじ》が誕生《たんじょう》しました。

カマラはさっそく新しいオフィスに行き、これからやりたいことをリストにしました。オフィスの壁《かべ》を塗《ぬ》り替《か》える、パソコンの台数を増《ふ》やすなどの簡《かん》単《たん》なこともありましたが、もっと難《むずか》しいこともありました。

前地方検事《ぜんちほうけんじ》時代のサンフランシスコ地方検事局《ちほうけんじきょく》はひどい機能不全《きのうふぜん》に陥《おちい》っていて、未解決《みかいけつ》の凶悪事件《きょうあくじけん》もたくさんありました。カマラは部下の検察官《けんさつかん》たちに、殺人事件《さつじんじけん》を解決《かいけつ》できるよう、精一杯《せいいっぱい》がんばってほしいと背中《せなか》を押《お》しました。殺人事件《さつじんじけん》の犯人《はんにん》が正しい処罰《しょばつ》を受け、被害者《ひがいしゃ》の家族が安心できるようにしたかったのです。

いっぽう、カマラは軽い罪《つみ》を犯《おか》した人たちが厳《きび》しくあつかわれすぎないようにすることも大切だと思っていました。

検察官《けんさつかん》として働《はたら》くなかで、軽い罪《つみ》で逮捕《たいほ》されることが、その人ののちの人生を悪い方向に変《か》えてしまうのを何度も見てきたからです。

2005年、カマラは「バック・オン・トラック」という社会復帰《しゃかいふっき》プログ

Back

ラムを作ります。参加《さんか》できるのは暴力《ぼうりょく》の絡《から》まない軽犯罪《けいはんざい》を犯《おか》した人たちで、参加者《さんかしゃ》にはいくつかの目標《もくひょう》を達成《たっせい》することが求《もと》められました。フルタイムで学校に通う、ボランティア活動をする、カウンセリングを受けるなどの目標《もくひょう》です。このプログラムを最後《さいご》までやりとげることができれば、前科《ぜんか》の記録《きろく》が消されるというしくみでした。

このプログラムは大成功《だいせいこう》で、卒業《そつぎょう》した人の中で再《ふたた》び罪《つみ》を犯《おか》す人はほとんどいませんでした。他の州や都市でも、同じようなプログラムが導入《どうにゅう》されるようになりました。

しかし、カマラの他の決定については、誰《だれ》もが賛成《さんせい》したわけではありません。たとえば、ベイビューで一人の警察官《けいさつかん》が銃《じゅう》で殺《ころ》される事件《じけん》が起きたとき、カマラは犯人《はんにん》に死刑《しけい》を求《もと》めないことにしました。カマラはもともと死刑制度《しけいせいど》に反対で、選挙《せんきょ》運動中も、自分がもし地方検事《ちほうけんじ》になったら死刑《しけい》は求刑《きゅうけい》しないと公言していました。しかし、この決定には多くの人が反対しました。

カマラによる学校の無断欠席防止《むだんけっせきぼうし》プログラムも、反発を買いました。

サンフランシスコには学校を無断欠席《むだんけっせき》する生徒《せいと》がたくさんいました。カマラは検察官《けんさつかん》として働《はたら》く間に、犯罪《はんざい》に関《かか》わってしまう人たちの多くが学校を卒業《そつぎょう》していないことに気づきました。そこで、子どもたちを学校に通わせつづけることで将来《しょうらい》の犯罪《はんざい》を減《へ》らせるかもしれないと考えたのです。

このプログラムではまず、たくさん学校を休んでいる子のいる家庭を支援《しえん》機関《きかん》がサポートします。それでもうまくいかない場合、その家庭は検事局《けんじきょく》が取りあつかうことになります。わが子を理由なく長期間学校に登校させないなどといった最悪《さいあく》の場合は、親が罰金《ばっきん》を支払《しはら》うことになったり、刑務所《けいむしょ》に入ることすらあるという内容《ないよう》でした。

このプログラムに対して、家庭や学校の問題に法律《ほうりつ》が踏《ふ》みこむべきではない、と反対する人たちもいました。また、問題を抱《かか》えている家庭が不公平《ふこうへい》にターゲットにされていると感じる人もいました。

それでも、カマラはこのプログラムを「かしこい犯罪対策《はんざいたいさく》」と呼《よ》んで、信念《しんねん》をもって続《つづ》けました。これに十分な数の有権者《ゆうけんしゃ》が賛成《さんせい》し、カマラはサンフランシスコ地方検事《ちほうけんじ》を選《えら》ぶ選挙《せんきょ》で、2期目の当選《とうせん》を果《は》たします。

第4章

大きな一歩

２００８年のある日、カマラは母シャマラと妹マヤと、一緒《いっしょ》にレストランでランチをしていました。そこで、人生でもっとも悲しい知らせを聞きます。

「ママね、がんになったの」

その瞬間《しゅんかん》の不安《ふあん》と恐怖《きょうふ》は、今もカマラの心に鮮明《せんめい》によみがえってきます。

その日からカマラは、病院で化学療法《かがくりょうほう》を受ける母の送《おく》り迎《むか》えをし、できるだけ母に寄《よ》りそいました。

しかし病状《びょうじょう》は悪化し、やがて安らかに旅立ちを迎《むか》えられるように、自宅《じたく》で看取《みと》りの準備《じゅんび》をする段階《だんかい》になりました。カマラは冷静《れいせい》でいるよう努《つと》めましたが、母に死が近づいていることを受け入れられないときもありました。

最期《さいご》の日々《ひび》には、親戚《しんせき》や母の旧友《きゅうゆう》が家に集まりました。そして、２００９

年、シャマラは亡《な》くなります。

最愛《さいあい》の母を亡《な》くすという経験《けいけん》は、カマラにとって、あまりにもつらいものでした。カマラは母ととても仲《なか》がよく、母の強さにいつも励《はげ》まされていたのです。自分の成功《せいこう》は母の育て方のおかげだと感じていました。

今もカマラは、毎日、母のことを思い出します。母を恋《こい》しく思う気持ちは、この先もずっと消えないでしょう。

２０１０年、カマラは生まれ育った場所であるカリフォルニア州の司法長《しほうちょう》官《かん》という役職《やくしょく》に立候補《りっこうほ》しました。

カリフォルニア州の司法長官《しほうちょうかん》は、４年に一度の州民《しゅうみん》による選挙《せんきょ》で選《えら》ばれます。その仕事は、州政府《しゅうせいふ》に対して法律《ほうりつ》に関《かん》するあらゆるアドバイスをすることです。さらに、州の人々《ひとびと》のために、インターネット犯罪《はんざい》、選挙《せんきょ》での不正《ふせい》、環境《かんきょう》問題、暴力犯罪《ぼうりょくはんざい》、子どもの支援《しえん》など、さまざまな問題に法律《ほうりつ》の面から取り組みます。

多くの人は、カマラが当選《とうせん》するとは思っていませんでした。これまで州の司法長官《しほうちょうかん》になった女性《じょせい》は少なく、黒人の司法長官《しほうちょうかん》はそれよりもさらに少なかったからです。カマラの対立候補《たいりつこうほ》は、ロサンゼルスの地方検事《ちほうけんじ》をしていたこともある有名な共和党員《きょうわとういん》でした。

選挙《せんきょ》は、２０１０年11月2日におこなわれました。かなりの接戦《せっせん》であったことから、票《ひょう》を数え終わるまでに何週間もかかりました。

カマラは周《まわ》りから、いつ結果《けっか》が出るのかと何度も聞かれましたが、カマラ自身にもわかりませんでした。

もうすぐ感謝祭《かんしゃさい》という日。カマラはニューヨーク行きの飛行機《ひこうき》に乗ろうとしていました。妹や親戚《しんせき》と一緒《いっしょ》に祝日《しゅくじつ》を過《す》ごすためです。

そのとき、電話がかかってきました。すべての票《ひょう》が集計された結果《けっか》、カマラが勝ったとわかったのです。

女性《じょせい》が、そして有色人種《ゆうしょくじんしゅ》が、カリフォルニア州の司法長官《しほうちょうかん》に選《えら》ばれたのは初《はじ》めてでした。それはカマラにとっても、アメリカにとっても、大きな一歩でした。

2011年1月3日、カマラは司法長官《しほうちょうかん》としての仕事を始めます。

さっそく取りかからなければいけない大きな問題がありました。それは、2008年から続《つづ》いていたアメリカの経済危機《けいざいきき》です。多くの人が仕事を失《うしな》い、住む場所を失《うしな》って、路上生活を強《し》いられる人さえ増《ふ》えていました。

なぜそのようなことが起こってしまったのか。調査《ちょうさ》の結果《けっか》、本来ならば買う余裕《よゆう》のない家を、多くの人が購入《こうにゅう》していたことがわかりました。銀行や住宅《じゅうたく》ローン会社が、自分たちに有利《ゆうり》な条件《じょうけん》で言葉たくみにお金を貸《か》して、返せなくなった人を家から追い出していたのです。

銀行はこの問題を早く解決《かいけつ》してしまおうと、各州《かくしゅう》にお金を振《ふ》り分《わ》けて、家を失《うしな》った人々《ひとびと》に配らせることにしました。しかしカマラは、この住宅《じゅうたく》ローン危機《きき》で多くの人の生活が崩壊《ほうかい》したことを知っていたので、銀行が提案《ていあん》した金額《きんがく》では人々《ひとびと》を助けられないと思いました。そこで、他の州の司法長官《しほうちょうかん》たちとともに銀行の側《がわ》に問題や不正《ふせい》がなかったかを調査《ちょうさ》しました。

それは、大手の銀行を相手にした闘《たたか》いでした。カマラは、多くの住宅《じゅうたく》所有者を苦しめている銀行にとても腹《はら》を立てていたので、かなり強い態度《たいど》で交渉《こうしょう》に臨《のぞ》みました。

政治《せいじ》コンサルタントには、銀行がその財力《ざいりょく》でカマラを辞職《じしょく》に追いやろうとするかもしれないと言われました。それでも、カマラは決して折《お》れませんでした。最後《さいご》には、弁護士《べんごし》を通さずに銀行のトップと直接《ちょくせつ》話し合いました。

その結果《けっか》、ついにカマラは銀行から、この住宅《じゅうたく》ローン危機《きき》で苦しんでいるカリフォルニアの人たちのために、250億《おく》ドルを勝ちとったのです。

カマラは司法長官《しほうちょうかん》として、他にもいくつも成果《せいか》を上げました。「バック・オン・トラック」プログラムの規模《きぼ》をカリフォルニア州全体に広げ、また「オープンジャスティス」というデータベースを作って、犯罪《はんざい》や警《けい》察《さつ》の活動に関《かん》する情報《じょうほう》を一般《いっぱん》の人が見られるようにしました。

それでも、誰《だれ》もがカマラのやり方に満足《まんぞく》していたわけではありません。サンフランシスコで実施《じっし》していた無断欠席防止《むだんけっせきぼうし》プログラムを州全体に広げた結果《けっか》、実際《じっさい》に親が刑務所《けいむしょ》に入るケースが出てきます。この状況《じょうきょう》に、カマラが家庭内の問題を犯罪化《はんざいか》してしまったと批判《ひはん》する声があがりました。

また、市民《しみん》に対する警察官《けいさつかん》の暴力《ぼうりょく》を止めるための対策《たいさく》や、過密状態《かみつじょうたい》にある刑務所《けいむしょ》の改革《かいかく》が十分でないと感じる人もいました。

それでもカマラを支持《しじ》する人は多く、2014年にカリフォルニア州司法《しほう》長官《ちょうかん》に再選《さいせん》されます。


その年にはもう一つ、カマラにとって大きな出来事がありました。ダグラス・エムホフという人と結婚《けっこん》したのです。そのとき、カマラは49歳《さい》。仕事に打ちこみつづけた人生で出会った、運命の人でした。

ダグラスはロサンゼルスで弁護士《べんごし》をしていて、カマラは2013年に友達《ともだち》の紹介《しょうかい》で彼《かれ》と出会いました。2人はあっという間に距離《きょり》を縮《ちぢ》め、出会って2か月が経《た》つころには、もう何年も愛《あい》し合《あ》ってきたような気持ちでした。

２０１４年８月22日、２人は結婚《けっこん》します。

ダグラスには前の結婚《けっこん》相手との間に、コールという息子と、エラという娘《むすめ》がいました。カマラは新しい家族ができたことに大喜《おおよろこ》びし、すぐに一緒《いっしょ》の生活に慣《な》れました。

当時19歳《さい》のコールと15歳《さい》のエラもカマラのことが大好《だいす》きで、「継母《ままはは》」という肩書《かたが》きを嫌《きら》い、カマラのことを「ママラ」と呼《よ》びました。

カマラは料理《りょうり》が好《す》きなので、毎週日曜日には家族そろってたっぷりと手作りの夕食を食べることを習慣《しゅうかん》にしました。

2016年、カマラは次の大きな一歩を踏《ふ》み出します。民主党員《みんしゅとういん》として、国の上院議員選挙《じょういんぎいんせんきょ》に立候補《りっこうほ》したのです。

上院議員《じょういんぎいん》になれば、州司法長官《しゅうしほうちょうかん》として取り組んできたさまざまな問題について、全国規模《きぼ》の政治《せいじ》がおこなわれる場で訴《うった》えられます。生活の苦しい人々《ひとびと》、犯罪被害者《はんざいひがいしゃ》、移民《いみん》、女性《じょせい》など、もっとたくさんの人の声をより広く届《とど》けられるチャンスがそこにはあるのです。

カマラは、下院議員《かいんぎいん》として長いキャリアをもつ候補者《こうほしゃ》との決選投票《けっせんとうひょう》を接戦《せっせん》の末《すえ》に勝利《しょうり》し、有色人種《ゆうしょくじんしゅ》の女性《じょせい》として初《はじ》めて、カリフォルニア州選出《せんしゅつ》の上院《じょういん》議員《ぎいん》となります。黒人女性《じょせい》が上院議員《じょういんぎいん》になるのは彼女《かのじょ》で2人め、南アジア系《けい》の女性《じょせい》としては初《はじ》めてでした。

上院議員《じょういんぎいん》となったカマラは、移民《いみん》を守るための活動をし、アメリカの気候《きこう》変動対策《へんどうたいさく》に力を入れました。

いっぽう、カマラを周囲《しゅうい》に強く印象《いんしょう》づけたのは、議会《ぎかい》での鋭《するど》い質問《しつもん》や切り返しです。彼女《かのじょ》の検察官《けんさつかん》としての経験《けいけん》がそうした場面で生かされました。

心が強く頭の切れる人物として、カマラは注目を集めました。

そんな彼女《かのじょ》の特徴《とくちょう》は、次の挑戦《ちょうせん》に踏《ふ》み出すときにも大切になってきます。

それは、大統領選挙《だいとうりょうせんきょ》への立候補《りっこうほ》です。

第5章
最《さい》初《しょ》の一人

２０１９年1月21日、カマラは故郷《こきょう》のカリフォルニア州オークランドで大《だい》統領選《とうりょうせん》への立候補《りっこうほ》を表明し、選挙《せんきょ》運動を始めました。

アメリカの大統領選《だいとうりょうせん》はまず、アメリカの二大政党《せいとう》である共和党《きょうわとう》と民主党《みんしゅとう》から、一人ずつ大統領候補者《だいとうりょうこうほしゃ》を選《えら》ぶ「予備選挙《よびせんきょ》」からおこなわれます。

スピーチの場には、およそ2万人の人々《ひとびと》が集まり、アメリカが抱《かか》える問題や、カマラがそれをどう解決《かいけつ》していくつもりかについて話すのを聞きました。

これはすばらしいスタートとなりました。選挙《せんきょ》の専門家《せんもんか》たちは、民主党《みんしゅとう》が指名する大統領候補《だいとうりょうこうほ》として、カマラが選《えら》ばれる可能性《かのうせい》もあると言いました。

しかしその後、他にも多くの民主党員《みんしゅとういん》がその指名争《あらそ》いに出馬することを発表します。そして最終的《さいしゅうてき》には、20人以上《いじょう》が競《きそ》いあうことになりました。

２０１９年６月、最初《さいしょ》の討論会《とうろんかい》が開かれました。

カマラは、個人的《こじんてき》な経験《けいけん》を絡《から》めながら、重要《じゅうよう》だと思う問題について話しました。

いっぽう、同じく大統領選《だいとうりょうせん》に立候補《りっこうほ》していた元副大統領《ふくだいとうりょう》のジョー・バイデンが、貧《まず》しい地域《ちいき》に住む子どもたちを裕福《ゆうふく》な地域《ちいき》の学校にバスで通わせる法律《ほうりつ》に、かつて反対していたと語る場面がありました。

そうしたバス通学が強制《きょうせい》だったことがバイデンの反対理由でしたが、人種《じんしゅ》差別撤廃《さべつてっぱい》への取り組みに後ろ向きだったということも意味します。

カマラはこう言いました。

CNN
DEMOCRATIC PRESIDENTIAL DEBATE

CNN
DEMOCRATIC PRESIDENTIAL DEBATE

「カリフォルニアにある女の子がいました。導入《どうにゅう》から2年目となる公立学校の統合政策《とうごうせいさく》のもと、その子は毎日バスで学校に通っていました。その女の子は私《わたし》です」

カマラは、多様な環境《かんきょう》で育つことがいかにすばらしいかを、身をもって体験《たいけん》していたのです。

カマラの情熱《じょうねつ》たっぷりの話しぶりは、会場の聴衆《ちょうしゅう》の心を強く動かしました。政治家《せいじか》の決定が自分自身に与《あた》えた影響《えいきょう》を伝《つた》えるカマラの言葉からは、法律《ほうりつ》が人々《ひとびと》の生活にどんな変化《へんか》をもたらすかを、彼女《かのじょ》がきちんと理解《りかい》していることがわかりました。

その討論会《とうろんかい》でのカマラの映像《えいぞう》は、インターネット上で大きな注目を集めます。そして、その後の数日間でカマラの選挙運動《せんきょうんどう》には何百万ドルもの寄付《きふ》が集まり、世論調査《よろんちょうさ》でも支持《しじ》が伸《の》びて、上位候補者《じょういこうほしゃ》に追いついてきました。

しかし、たくさんの候補者《こうほしゃ》の中で目立つのは、やはり難《むずか》しいことでした。ジョー・バイデンやバーニー・サンダース上院議員《じょういんぎいん》のような、政治家《せいじか》として経験豊富《けいけんほうふ》で、すでに有名な候補者《こうほしゃ》は簡単《かんたん》に注目を集めていました。

国民皆保険《こくみんかいほけん》*や、大学の授業料無償化《じゅぎょうりょうむしょうか》といった進歩的《しんぽてき》な公約《こうやく》を打ち出す候補《こうほ》者《しゃ》もいました。いっぽう、それよりも穏《おだ》やかな考え方で、少しずつ段階《だんかい》を踏《ふ》んで、ゆっくり変化《へんか》することをめざす候補者《こうほしゃ》もいました。

*国民皆保険《こくみんかいほけん》…すべての国民が公的医療保険《こうてきいりょうほけん》に加入《かにゅう》し、保険料《ほけんりょう》を払《はら》うことで、おたがいに支《ささ》え合う制度《せいど》のこと。病気やケガをした時に誰《だれ》でも定められた負担割合《ふたんわりあい》で質《しつ》の高い医療《いりょう》を受けられる。日本では当たり前だが、アメリカなど諸外国《しょがいこく》では導入《どうにゅう》されていない国も多い。

カマラはそのどちらにも当てはまらない候補者《こうほしゃ》でした。気候変動対策《きこうへんどうたいさく》や医療制度《いりょうせいど》など、一部の分野に関《かん》しては進歩的《しんぽてき》な意見を持ちながらも、外交政策《がいこうせいさく》など穏《おだ》やかな立場を取る分野もありました。だからこそ、イメージがつかみづらい面がありました。

カマラは討論会《とうろんかい》では引《ひ》き続《つづ》き存在感《そんざいかん》を示《しめ》し、有権者《ゆうけんしゃ》と直接《ちょくせつ》会うための努力《どりょく》もおこたりませんでした。しかし、選挙《せんきょ》運動には莫大《ばくだい》な額《がく》のお金が必要《ひつよう》です。主張《しゅちょう》を人々《ひとびと》に知ってもらうための広告費《こうこくひ》、選挙《せんきょ》スタッフの人件費《じんけんひ》、演説《えんぜつ》や集会などイベントの開催費《かいさいひ》、移動費《いどうひ》など、あらゆる活動にお金がかかるのです。その選挙《せんきょ》運動のための資金《しきん》を集めるのが、しだいに難《むずか》しくなってきました。

２０１９年12月３日、カマラは予備選挙《よびせんきょ》からの撤退《てったい》を発表します。

そして2020年3月には、ジョー・バイデンを支持《しじ》することを表明しました。その後、バイデンは予備選挙《よびせんきょ》を勝《か》ち抜《ぬ》き、正式に民主党《みんしゅとう》の大統領候補《だいとうりょうこうほ》となりました。

このとき、ジョー・バイデンは、女性《じょせい》を副大統領候補《ふくだいとうりょうこうほ》に指名することを約束《やくそく》します。バイデンの選挙《せんきょ》チームは、候補者《こうほしゃ》をしぼるために、何か月もかけて女性政治家《じょせいせいじか》たちと個別《こべつ》に面接《めんせつ》をしました。経験豊富《けいけんほうふ》で、かつ大統領《だいとうりょう》を支《ささ》えるナンバー2《ツー》の役目をこなせる人を求《もと》めて。

カマラもその面接《めんせつ》を受けた女性《じょせい》の一人でした。カマラとジョー・バイデンは、討論会《とうろんかい》で意見がぶつかることもありましたが、仕事以外《いがい》でも親交があり、いつもいい関係《かんけい》を保《たも》っていました。

8月11日、ジョー・バイデンはカマラに電話し、副大統領候補《ふくだいとうりょうこうほ》として彼《かれ》の選挙《せんきょ》運動に参加《さんか》してほしいと誘《さそ》います。

カマラはこれを受け入れ、数時間後には正式に発表されました。

カマラはまた「初《はじ》めての人」として歴史《れきし》に名を残《のこ》すことになります。主要《しゅよう》な政党《せいとう》から副大統領候補《ふくだいとうりょうこうほ》として選挙《せんきょ》に臨《のぞ》む、初《はじ》めての有色人種《ゆうしょくじんしゅ》の女性《じょせい》となったのです。

「最初《さいしょ》の一人になっても、最後《さいご》の一人にはならないで」

母が言っていたその言葉を、カマラは思い出しました。

いつものコンバースのスニーカーを履《は》いて選挙《せんきょ》運動に乗り出すとき、カマラはまだまだやるべきことがあると自分に言い聞かせます。

世の中に意見が届《とど》いていない人は、まだたくさんいます。自分はその状況《じょうきょう》を変《か》えられると信《しん》じていました。

まずは、選挙《せんきょ》運動を通して、自分自身が公《おおやけ》の場に立つことがスタートです。かつて女性《じょせい》や、有色人種《ゆうしょくじんしゅ》に閉《と》ざされていた役割《やくわり》を果《は》たしている自分の姿《すがた》を、見てもらうのです。そうすることで、他の女性《じょせい》や有色人種《ゆうしょくじんしゅ》の人たちに、自分たちの存在《そんざい》はちゃんと見られていて、発する声にも力があるとわかってもらうのです。

2020年11月7日、民主党《みんしゅとう》のジョー・バイデンとカマラ・ハリスが、共和党候補《きょうわとうこうほ》を破《やぶ》り、選挙《せんきょ》に勝ったことが発表されました。

カマラは、政府《せいふ》の中でも屈指《くっし》の力を持つ副大統領《ふくだいとうりょう》という役職《やくしょく》につく、初《はじ》めての有色人種《ゆうしょくじんしゅ》の女性《じょせい》となったのです。

選挙結果《せんきょけっか》発表後のスピーチで、カマラは若《わか》い人たちに向けてメッセージを送りました。

「私《わたし》はアメリカの副大統領《ふくだいとうりょう》になる最初《さいしょ》の女性《じょせい》ですが、最後《さいご》の女性《じょせい》になるつもりはありません。なぜなら、今夜この瞬間《しゅんかん》を目にしているすべての少女は、この国が可能性《かのうせい》に満《み》ちた場所であることを知っているから。（中略《ちゅうりゃく》）

大きな夢《ゆめ》を抱《いだ》き、信念《しんねん》を胸《むね》に進みましょう。他の人がまだ見たことのないあなたを、あなた自身が見つめてあげて。そうやってあなたが進む一歩一歩すべてに拍手《はくしゅ》を送るから」

こうしてカマラはまた、最初《さいしょ》の一人になりました。そして、決して自分が最後《さいご》の一人にならないようにする覚悟《かくご》もできていました。

第6章
大統領選挙
だい とう りょう せん きょ

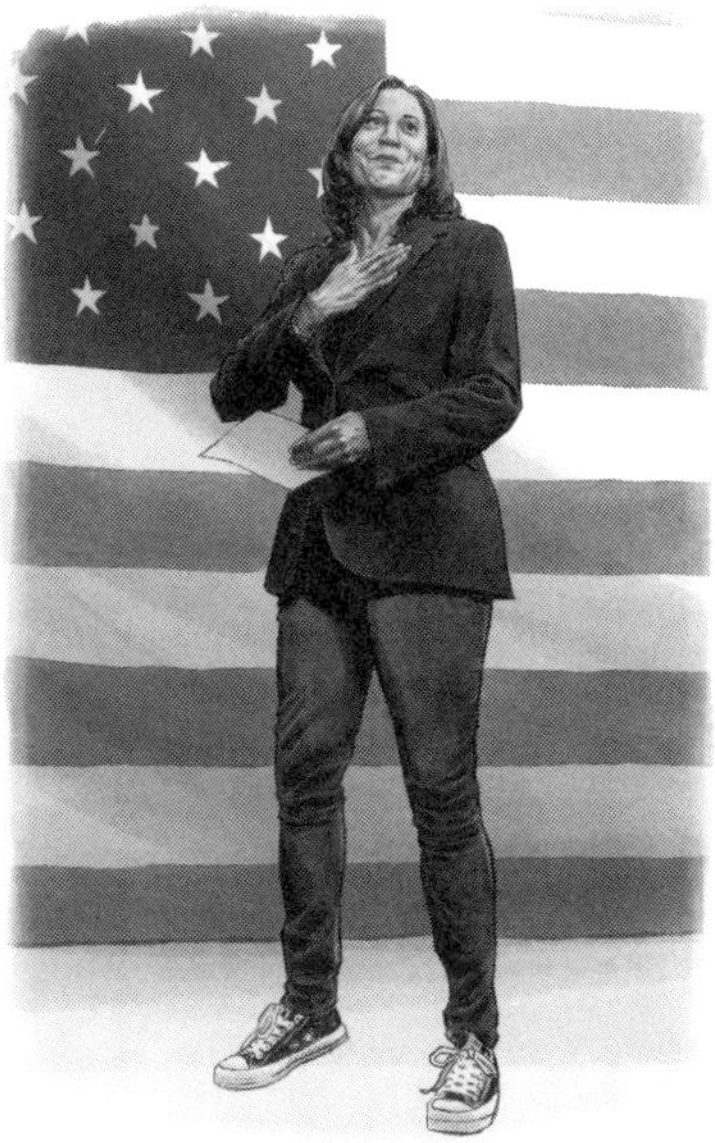

それからの4年間、カマラは副大統領《ふくだいとうりょう》として全力で仕事をこなしました。政策《せいさく》に取り組み、重要《じゅうよう》なイベントに出席《しゅっせき》し、上院議長《じょういんぎちょう》として必要《ひつよう》に応《おう》じて決定票を投じました。

2023年になると、バイデンは次の大統領選《だいとうりょうせん》での再選《さいせん》に向けて選挙運動《せんきょうんどう》を始めます。そして、2024年の民主党州予備選《みんしゅとうしゅうよびせん》で勝利《しょうり》します。

しかし、いろいろな事情《じじょう》が重なり、7月に大統領選《だいとうりょうせん》からの撤退《てったい》を決めます。そして、バイデンは大統領候補《だいとうりょうこうほ》として、カマラを支持《しじ》すると発表しました。民主党《みんしゅとう》の他の重要《じゅうよう》な議員《ぎいん》たちも、カマラを候補者《こうほしゃ》にしたいと考えていました。

こうして、カマラが正式に大統領選《だいとうりょうせん》への出馬を表明すると、24時間以内《いない》に、なんとアメリカ全土の彼女《かのじょ》を支援《しえん》したい人たちから8100万ドルの寄付《きふ》が集まったのです。これは、大統領候補《だいとうりょうこうほ》の選挙《せんきょ》運動中に1日で集められたお金としては、過去最高額《かこさいこうがく》でした。

こうして、およそ100日間にわたる選挙戦《せんきょせん》の幕《まく》が切って落とされました。共和党《きょうわとう》の代表候補《こうほ》は、2020年の大統領選《だいとうりょうせん》でバイデンに敗れて、大統領《だいとうりょう》の座《ざ》を下りた、ドナルド・トランプです。

自分の信念《しんねん》に従《したが》い、分断《ぶんだん》を解消《かいしょう》してすべての国民《こくみん》のためのリーダーになろうとするカマラ。過激《かげき》な発言をくり返し、意見の異《こと》なる人たち同士《どうし》の対立をあおるトランプ。めざすものがまったく異《こと》なる2人の選挙戦《せんきょせん》となりました。

その経過《けいか》は接戦《せっせん》で、実際《じっさい》に投票《とうひょう》がおこなわれるまで勝者は誰《だれ》にもわかりませんでした。

そして11月5日、ついに大統領選挙《だいとうりょうせんきょ》の投票日《とうひょうび》がやってきました。国のトップを選《えら》ぶ判断《はんだん》が、アメリカ国民《こくみん》の手に委《ゆだ》ねられるのです。

アメリカでは伝統的《でんとうてき》に、民主党《みんしゅとう》の人気が高い地域《ちいき》と、共和党《きょうわとう》を支持《しじ》する人が多い地域《ちいき》があります。開票《かいひょう》が進むなか、そうした州では予想されていた通りの勝敗《しょうはい》になったことがわかってきました。

大統領選《だいとうりょうせん》を制《せい》するために重要《じゅうよう》なのは、「激戦州《げきせんしゅう》」と呼《よ》ばれる、選挙《せんきょ》のたびに勝利《しょうり》政党《せいとう》が変《か》わる州です。それらの州の支持《しじ》を勝ち取ることが、最終的《さいしゅうてき》な結果《けっか》を大きく左右します。2人の大統領候補《だいとうりょうこうほ》は、投票日《とうひょうび》の直前までそのような激戦州《げきせんしゅう》で集会を開き、支持《しじ》を呼《よ》びかけていました。

投票日《とうひょうび》の翌日《よくじつ》である6日の午前5時半過《す》ぎ、当選者《とうせんしゃ》が決まりました。激戦《げきせん》の末《すえ》、アメリカ合衆国《がっしゅうこく》第47代大統領《だいとうりょう》には、共和党《きょうわとう》のドナルド・トランプ候補《こうほ》が選《えら》ばれました。アメリカ初《はつ》の女性大統領《じょせいだいとうりょう》をめざしたカマラの挑戦《ちょうせん》は、あと一歩のところで届《とど》きませんでした。

結果《けっか》を受け、カマラはトランプに当選祝《とうせんいわ》いの電話をし、平和に政権《せいけん》を交代するために協力《きょうりょく》する意思を伝《つた》えました。

そして6日午後、カマラは母校であるハワード大学で演説《えんぜつ》をしました。敗北《はいぼく》を受け入れたうえで、これからもアメリカの理想のために努力《どりょく》することをあきらめないと語りました。そして、会場に集まった支持者《しじしゃ》たちに、こう呼《よ》びかけました。

「この選挙《せんきょ》の結果《けっか》は、私《わたし》たちが望《のぞ》んだものではありません。（中略《ちゅうりゃく》）でも、聞いて。私《わたし》たちがあきらめないかぎり、闘《たたか》いをやめないかぎり、アメリカの約束《やくそく》の光は、いつも明るく燃《も》えつづけます」

また、「暗闇《くらやみ》の中でこそ、星が見える」というキング*牧師《ぼくし》の言葉を引用し、未来《みらい》を懸念《けねん》する支持者《しじしゃ》たちを励《はげ》ましました。

そして、若《わか》い支持者《しじしゃ》たちには、決して希望《きぼう》を失《うしな》わないでほしいと、こう呼《よ》びかけました。

「闘《たたか》いは、ときに時間がかかります。でも、それは勝てないという意味ではありません。大切なのは、絶対《ぜったい》にあきらめないことです。この世界をもっといい場所にするための努力《どりょく》を、どうかやめないで。あなたたちには力があります。まだ実現《じつげん》されていないからという理由だけで、そんなの無理《むり》だと言ってくる人の声には耳を貸《か》さないで」

カマラはこのスピーチで、決してあきらめないこと、挑戦《ちょうせん》をやめないこと、希望《きぼう》を捨《す》てないことの大切さをくり返し説《と》きました。それは、彼女《かのじょ》自身が自分の人生を通して貫《つらぬ》いてきた信念《しんねん》でもあります。これからも、カマラがその志《こころざし》を失《うしな》うことはないでしょう。

たくさんの「初《はじ》めて」を切《き》り拓《ひら》いてきた彼女《かのじょ》の挑戦《ちょうせん》は、まだまだ続《つづ》きます。

＊キング牧師《ぼくし》…マーティン・ルーサー・キング・ジュニア。1929年－1968年。アメリカの黒人解放《かいほう》運動・公民権《こうみんけん》運動の指導者《しどうしゃ》。1964年、公民権法《こうみんけんほう》の成立《せいりつ》に尽力《じんりょく》し、ノーベル平和賞《へいわしょう》を受賞《じゅしょう》。1968年、遊説《ゆうぜい》活動中に暗殺《あんさつ》される。「私《わたし》には夢《ゆめ》がある（I have a dream）」の演説《えんぜつ》で多くの人の心を動かした。

●**面積《めんせき》**：983万3517㎢（日本の約《やく》26倍）
●**人口**：約《やく》3億《おく》3650万人　※2024年6月米統計局推計
●**国民《こくみん》**：世界のほとんどすべての人種《じんしゅ》が住む
●**言語**：おもに英語《えいご》
●**宗教《しゅうきょう》**：おもにキリスト教（信仰《しんこう》の自由が憲法《けんぽう》で保障《ほしょう》されている）

地図 アメリカ合衆国《がっしゅうこく》50州

★中間選挙《せんきょ》

４年おきにおこなわれるアメリカ大統領選挙《だいとうりょうせんきょ》の中間（大統領選《だいとうりょうせん》挙《きょ》から２年後）におこなわれる上下両院議員《ぎいん》の選挙《せんきょ》を「**中間選《せん》挙《きょ》**」といいます。

このタイミングで上院議員《ぎいん》の３分の１と、下院議員《ぎいん》全員の選挙《せんきょ》がおこなわれるため、そのときの大統領《だいとうりょう》や政権《せいけん》を担当《たんとう》する与党《よとう》に対する国民の通知表のような役割《やくわり》もあります。

州政府《しゅうせいふ》と連邦政府《れんぽうせいふ》の関係《かんけい》

合衆国憲法《がっしゅうこくけんぽう》に定められていないことは州にゆだねられている。州には国と同じような権限《けんげん》がある。

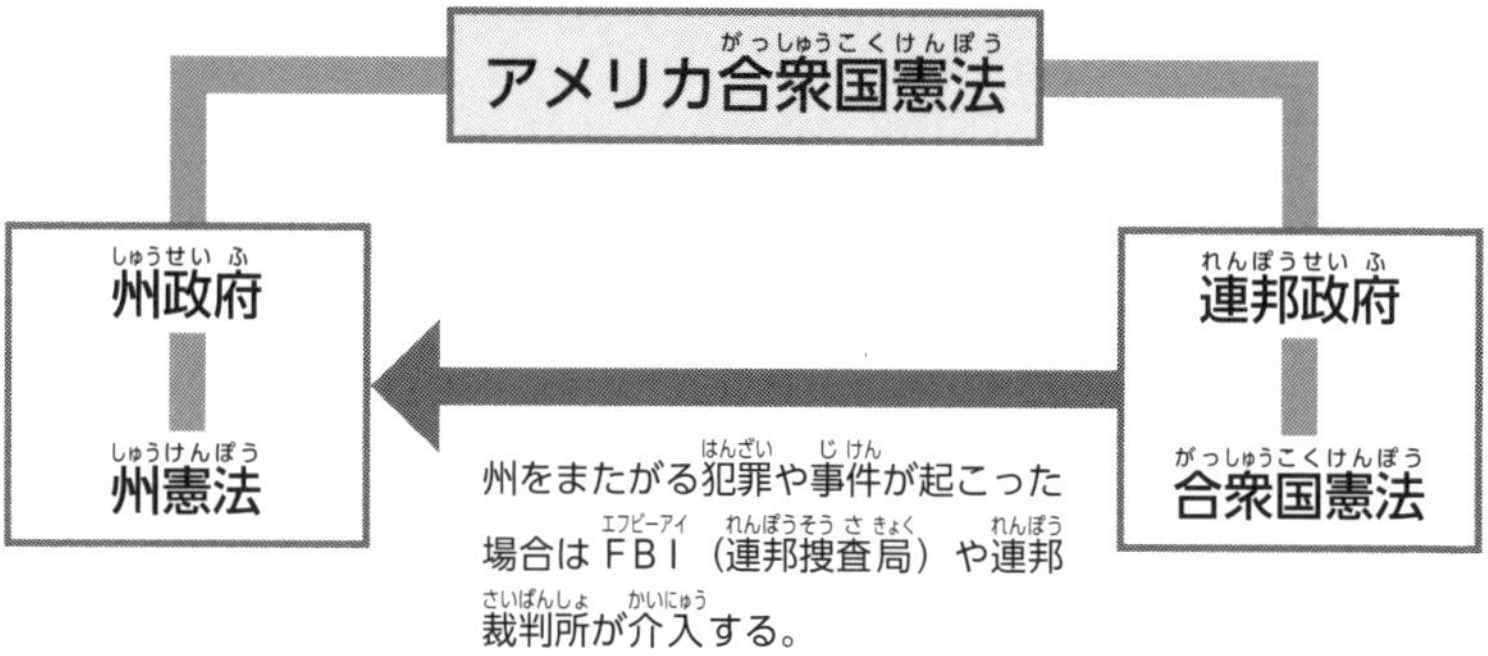

解説《かいせつ》 アメリカ議会《ぎかい》のしくみ

★州議会《しゅうぎかい》

アメリカ合衆国《がっしゅうこく》には50の州があり、それぞれの州に「**州議会**《しゅうぎかい》」があります。州ごとに**憲法**《けんぽう》を持ち、政治《せいじ》や裁判《さいばん》、軍《ぐん》、警察《けいさつ》など、**国と同じような権限**《けんげん》を持っています。州議会《しゅうぎかい》の議員《ぎいん》の数や、任期《にんき》なども、州によりことなります。

★連邦議会《れんぽうぎかい》

アメリカ合衆国《がっしゅうこく》の法律《ほうりつ》を制定《せいてい》する機関《きかん》が「**連邦議会**《れんぽうぎかい》」です。各《かく》州《しゅう》を代表する「**上院**」と、国民を代表する「**下院**」に分かれています。

上院の議席《ぎせき》は100で、人口や面積《めんせき》にかかわらず、各州から**2名ずつ**選《えら》ばれます。任期《にんき》は**6年**で、2年ごとに議席《ぎせき》の3分の1ずつ選挙《せんきょ》がおこなわれます。

下院の議席《ぎせき》は**435**で、アラスカなど人口の少ない州は1名、カリフォルニアなど人口の多い州は50名以上《いじょう》が選《えら》ばれます。任期《にんき》は**2年**で、2年ごとにすべての議席《ぎせき》に対して選挙《せんきょ》がおこなわれます。

議員《ぎいん》に立候補《りっこうほ》できるのは、下院が25歳《さい》、上院は30歳《さい》から。18歳以上《さいいじょう》のアメリカ国民による選挙《せんきょ》で選《えら》ばれます。

予備選挙《よびせんきょ》　各政党《かくせいとう》のなかで大統領候補者《だいとうりょうこうほしゃ》を選《えら》びます

大統領《だいとうりょう》に立候補《りっこうほ》する

アメリカ生まれで、14年以上《いじょう》アメリカに住んでいる35歳以上《さいいじょう》の人はだれでも立候補《りっこうほ》できます。

↓

代議員《だいぎいん》を選《えら》ぶ

代議員《だいぎいん》とは、州の党員《とういん》を代表し、大統領候補《だいとうりょうこうほ》を選《えら》ぶ権利《けんり》を持つ人のこと。各州《かくしゅう》でおこなわれる予備《よび》選挙《せんきょ》または党員集会《とういんしゅうかい》で代議員《だいぎいん》を選《えら》びます。

↓

全国党大会《ぜんこくとうたいかい》で大統領候補《だいとうりょうこうほ》を選《えら》ぶ

全国党大会《とうたいかい》で過半数《かはんすう》の代議員《だいぎいん》を獲得《かくとく》した候補者《こうほしゃ》が指名されます。

↓

本選挙《ほんせんきょ》　各政党《かくせいとう》の大統領候補者《だいとうりょうこうほしゃ》から大統領《だいとうりょう》を選《えら》びます

選挙人《せんきょにん》を選《えら》ぶ（一般選挙《いっぱんせんきょ》）

選挙人《せんきょにん》とは、大統領選挙《だいとうりょうせんきょ》に投票《とうひょう》する権利《けんり》を持つ人のこと。選挙人候補者《せんきょにんこうほしゃ》は各政党《かくせいとう》が選《えら》びます。投票《とうひょう》する人は、自分が支持《しじ》する大統領候補《だいとうりょうこうほ》に投票《とうひょう》することで、その候補者《こうほしゃ》と同じ政党《せいとう》の選挙人《せんきょにん》を選《えら》んだことになります。

↓

各州《かくしゅう》で選挙人《せんきょにん》が大統領候補《だいとうりょうこうほ》に投票《とうひょう》する

一般選挙《いっぱんせんきょ》で勝敗《しょうはい》ははっきりしていますが、正式に選《えら》ばれた選挙人《せんきょにん》が選挙人《せんきょにん》集会に参加《さんか》し、大統領候《だいとうりょうこう》補者《ほしゃ》に投票《とうひょう》します。全米の選挙人《せんきょにん》538人のうち、過半数《かはんすう》の270人以上《いじょう》の票《ひょう》を獲得《かくとく》した候補者《こうほしゃ》が当《とう》選《せん》します。

↓

大統領《だいとうりょう》が決定！

解説《かいせつ》 アメリカ大統領選挙《だいとうりょうせんきょ》の流れ

アメリカ大統領選挙《だいとうりょうせんきょ》には、**2つの段階《だんかい》**があります。

まず、アメリカの二大政党《せいとう》である**共和党《きょうわとう》**と**民主党《みんしゅとう》**から、それぞれの大統領候補者《だいとうりょうこうほしゃ》を選《えら》ぶ「**予備選挙《よびせんきょ》**」。これは、党員《とういん》による選挙《せんきょ》です（政党《せいとう》に登録《とうろく》していなくても投票《とうひょう》できる州もあります）。

次におこなわれるのが「**本選挙《ほんせんきょ》**」。予備選挙《よびせんきょ》で選《えら》ばれた候補者のなかから大統領《だいとうりょう》を選びます。

本選挙《ほんせんきょ》では、まず一般選挙《いっぱんせんきょ》で「**選挙人《せんきょにん》**」を選《えら》びます。

投票《とうひょう》できるのは、アメリカ国籍《こくせき》を持ち、18歳以上《さいいじょう》で、投票者登《とうひょうしゃとう》録《ろく》が済《す》んでいる人です。

大統領候補者《だいとうりょうこうほしゃ》に直接投票《ちょくせつとうひょう》するのではなく、自分たちのかわりに投票《とうひょう》する**選挙人《せんきょにん》**を選《えら》ぶ間接選挙《かんせつせんきょ》です。選挙人《せんきょにん》は、どの候補者《こうほしゃ》に投《とう》票《ひょう》するかを最初《さいしょ》から明らかにしていて、その数は州ごとに決められています（人口の多い州ほど多くなります）。そして、得票数《とくひょうすう》がいちばん多い候補者《こうほしゃ》が、その州の選挙人《せんきょにん》すべての票《ひょう》を獲得《かくとく》します。これを「**勝者総取《しょうしゃそうど》り方式**」といいます。

たとえば、ある州で候補A《こうほエー》が過半数《かはんすう》の票《ひょう》を獲得《かくとく》し、候補B《こうほビー》は過《か》半数以下《はんすういか》の票《ひょう》しか獲得《かくとく》できなかった場合、その州の選挙人《せんきょにん》はすべて候補A《こうほエー》にカウントされるというしくみです。

年表◆カマラの人生

西暦《せいれき》	カマラ・ハリスの人生
1964年	10月20日、カリフォルニア州オークランドで生まれる
1971年	両親が離婚《りこん》
1976年	モントリオールに移住《いじゅう》
1986年	ハワード大学を卒業《そつぎょう》
1989年	ヘイスティングス法科《ほうか》大学院で法学《ほうがく》の学位《がくい》を取得《しゅとく》
1990年	オークランドの地方検事代理《けんじだいり》に就任《しゅうにん》
1998年	サンフランシスコ地方検事局《けんじきょく》で働《はたら》き始める
2003年	サンフランシスコ地方検事《けんじ》に当選《とうせん》

2005年	サンフランシスコに「バック・オン・トラック」プログラムを導入《どうにゅう》
2009年	母親が大腸《だいちょう》がんで死去
2010年	カリフォルニア州司法長官《しほうちょうかん》に当選《とうせん》
2014年	ダグラス・エムホフと結婚《けっこん》
2016年	カリフォルニア州選出上院議員《せんしゅつじょういんぎいん》に当選《とうせん》
2019年	大統領選《だいとうりょうせん》に出馬（1月）、大統領選《だいとうりょうせん》から撤退《てったい》（12月）
2020年	大統領《だいとうりょう》になったジョー・バイデンによって副大統領候補《ふくだいとうりょうこうほ》に選《えら》ばれる
2024年	有色人種《じんしゅ》の女性《じょせい》として初《はじ》めて、民主党《みんしゅとう》の大統領候補《だいとうりょうこうほ》に選《えら》ばれる

著者

カーステン・アンダーソン　Kirsten Anderson

ニューヨークシティで愛犬《あいけん》のポメラニアン「サンフラワー」と暮《く》らす作家兼《けん》女優《じょゆう》。子ども向けの伝記をいくつか執筆《しっぴつ》している。

訳者

長尾莉紗　ながお・りさ

早稲田《わせだ》大学《だいがく》政治《せいじ》経済《けいざい》学部《がくぶ》卒《そつ》。英語《えいご》翻訳者《ほんやくしゃ》。訳書《やくしょ》に、ミシェル・オバマ『マイ・ストーリー』、バラク・オバマ『約束《やくそく》の地』、ピーター・ゼイハン『「世界の終わり」の地政学《ちせいがく》』(共訳、以上集英社)、ジョー・バイデン『約束《やくそく》してくれないか、父さん』、シーラ・フレンケルほか『フェイスブックの失墜《しっつい》』(共訳、以上早川書房)、アドーラ・スヴィタクほか『声をあげて、世界を変《か》えよう！』(DU BOOKS) などがある。

参考文献：『私たちの真実』カマラ・ハリス著／藤田美菜子・安藤貴子訳（光文社）

カバー・表紙写真　USA TODAY Network/ アフロ
図版デザイン協力　株式会社ウエイド

ポプラ社ノンフィクション48

カマラ・ハリス　未来をあきらめない

2025年　1月　第1刷

発行者　加藤裕樹
編集　斉藤尚美
発行所　株式会社ポプラ社
〒141-8210　東京都品川区西五反田3-5-8
JR目黒MARCビル12階
www.poplar.co.jp
印刷・製本　中央精版印刷株式会社
装丁　喜來詩織（エントツ）
本文デザイン　岡崎加奈子

ISBN978-4-591-18434-9　N.D.C.289　92p　20cm　Printed in Japan

P4047048

〈ポプラ社ノンフィクション〉

ネルソン・マンデラ
自由へのたたかい

パム・ポラック&メグ・ベルヴィソ 著　　伊藤菜摘子 訳

人種差別撤廃《じんしゅさべつてっぱい》のために生涯《しょうがい》をささげ、ノーベル平和賞《へいわしょう》を受賞《じゅしょう》したネルソン・マンデラ。27年もの歳月《さいげつ》を牢獄《ろうごく》で過《す》ごしながら、決して屈《くっ》することのなかった彼《かれ》の生き方とは？自由と平等《びょうどう》のためにたたかい、黒人として初《はじ》めて南アフリカの大統領《だいとうりょう》になったその人生を、時代背景《はいけい》がわかるコラムや写真をまじえて伝《つた》えます。